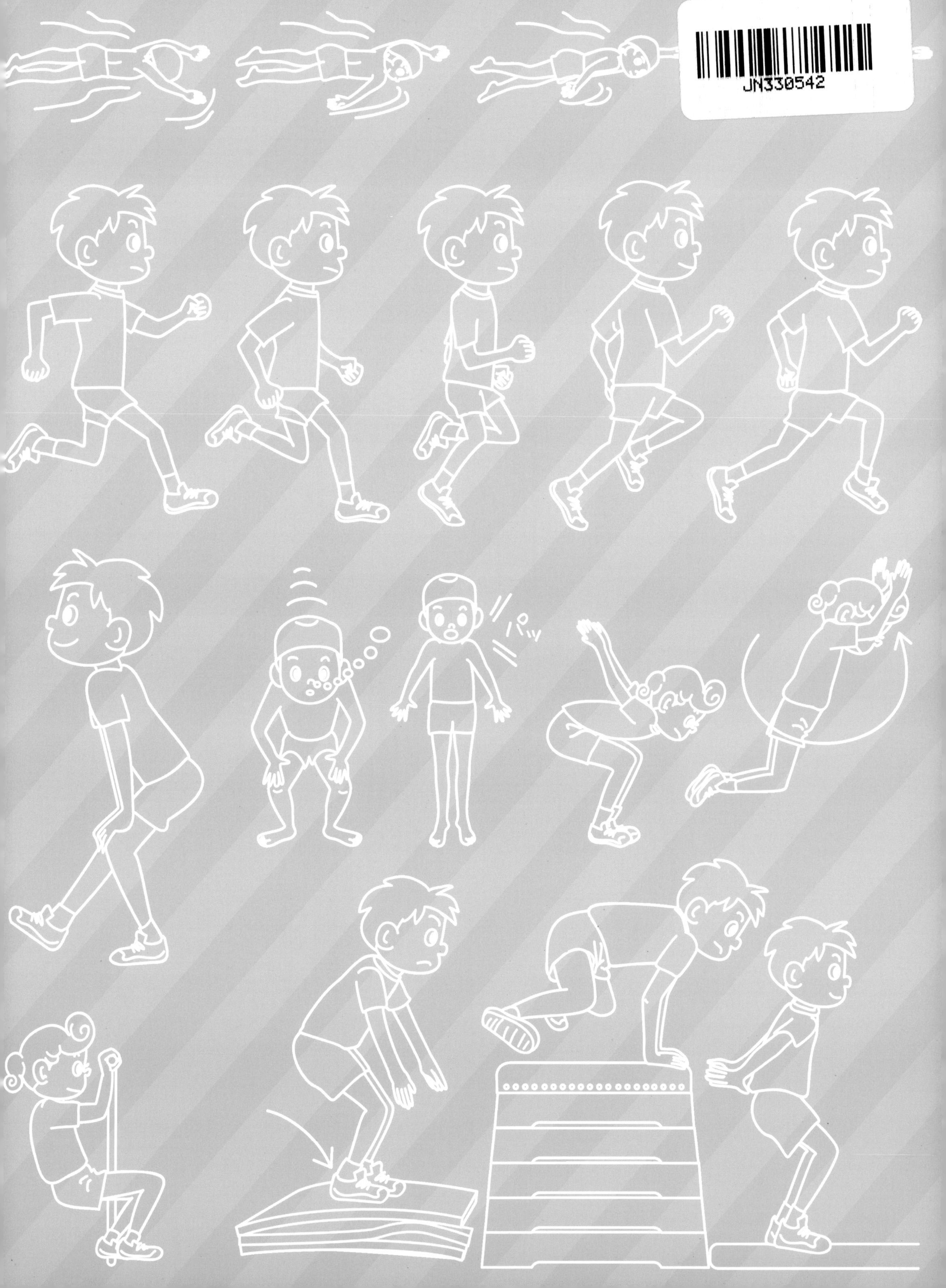
パッ

運動が得意になる！

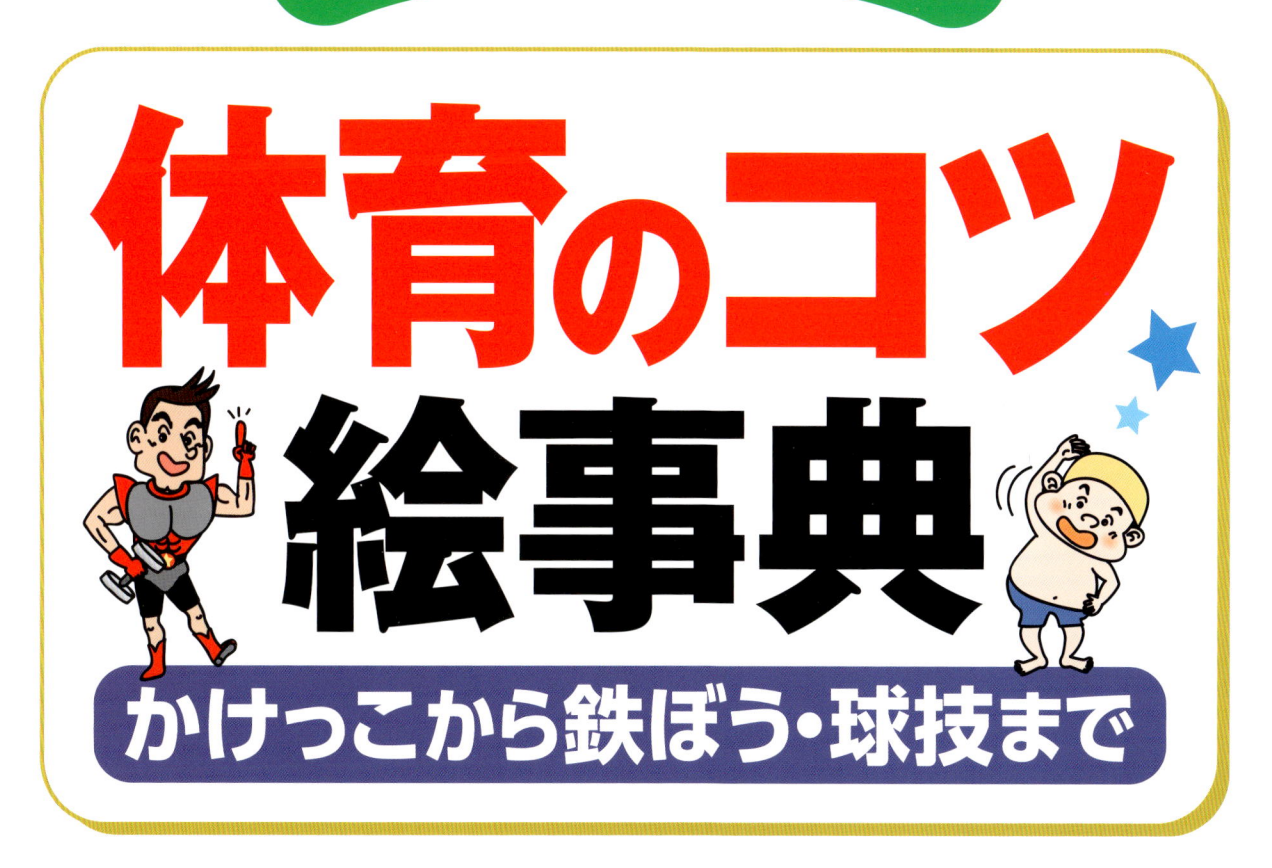

体育のコツ絵事典

かけっこから鉄ぼう・球技まで

[監修] 湯浅景元

PHP

はじめに

「速く走れるようになりたい」「鉄ぼうのさか上がりができるようになりたい」「なわとびがもっとうまくなりたい」といった夢をもっている子は多いことでしょう。こういった夢を実現するためには、体を正しく動かすことが必要です。さらに、体を正しく動かすことができるように体力をつけておくことも大切です。

マットで前転をするとき、全身をぼうのようにのばしたままだと回ることができません。うまく前転するためには、体をボールのように丸くすることが必要です。

なわとびで二重とびができるようになるには、とぶ力をつけることが大切です。なわを持たないで連続ジャンプをしたり、高くとんだりして、足の力をつけるようにします。

この本には、小学校の体育で練習するかけっこ、鉄ぼう、とび箱、マット、水泳、なわとび、球技が上手にできるためのコツを説明しています。まずは本のイラストをよく見ながら、説明を何度も読んでください。体を動かすコツを、イラストを見ながら知ることが基本です。

コツがわかったら、次は実際に体を動かしましょう。最初は1つのことだけ練習します。繰り返し練習して、できるようになったら、今度は別の体の動かし方を練習します。あわてないで、少しずつ体を動かすことができるようにしましょう。

この本は体育のコツをしょうかいしているだけではありません。体を正しく動かすことは体を大切にあつかうことになる、ということも知ってほしいのです。

体を正しく動かさないと、けがをすることがあります。たとえば、くしゃみです。体を後ろにそらすようにくしゃみをすると、腰に大きな力が加わって、痛みをおこすことがあります。マットの前転のように、体を丸くしてくしゃみをすると、腰が痛くなるのを防ぐことができます。

体育が上手になるだけでなく、一生つき合っていく自分の体を正しく動かしていたわってあげることを、体育を通して学びましょう。

　　　　　　　　　　　　　　　　　　　　　　　　　　　湯浅　景元

この本の使い方

速く走れるようになりたいと、いきなり走りだすよりも、「準備」でしょうかいしている体の中心や腕のふり方、太ももの裏側を意識した練習をするほうが効果があります。

各章にある「準備」のページには、体のどのようなところを意識して練習したらよいかをわかりやすく説明しています。このページを読んでから、次のページに進みましょう。

ここがコツ！
体の動かし方のなかで、いちばんポイントになることを示しています。少し注意するだけで、ずいぶん体の動きが変わります。

体の正しい動かし方をしょうかいしています。

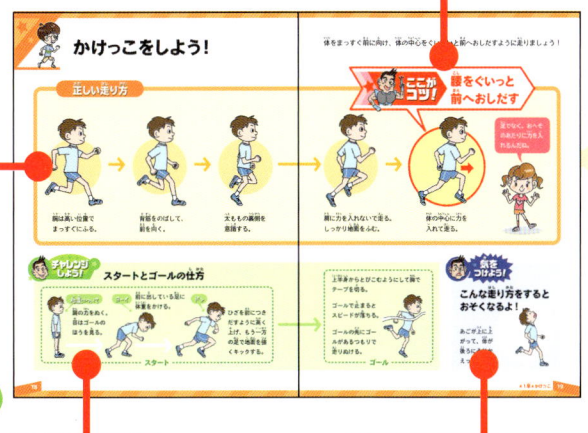

チャレンジしよう！
もっとできるようになりたい人は、ここでしょうかいしている動きにも、ちょうせんしてみましょう。

気をつけよう！
まちがった体の動かし方やできない原因を示しています。自分が同じことをしていないか、気をつけましょう。

やってみよう！
時間があれば練習しておきたいことをしょうかいしています。ちょっとしたコツで、体の動きが変わります。

目次

はじめに	2
この本の使い方	3

序章 キミの体を正しくあつかおう！

スポーツを楽しもう！	8
運動するときに気をつけること	
運動する前に心と体の準備をしよう！	10
ウォーミングアップの仕方	
運動した後は体をもとの状態にもどそう！	11
クーリングダウンの仕方	
体力テストのコツをつかもう！	12
握力テスト	
上体起こしテスト	
ソフトボール投げテスト	
立ちはばとびテスト	
コラム スポーツの名前のなぞ	14

1章 かけっこ

かけっこは体の中心を使おう！	16
速く走るための準備	
かけっこをしよう！	18
正しい走り方	
長距離走をしよう！	20
長距離走の走り方	
リレーに勝とう！	21
バトンのわたし方	
コラム くつのひみつ	22

2章 鉄ぼう

鉄ぼうは腕と足の力を使おう！ … 24
　さか上がりの準備

前回りをしよう！ … 26
　前回りの回り方

さか上がりをしよう！ … 28
　さか上がりの回り方

コラム スポーツに関係する仕事 … 30

3章 とび箱

とび箱になれよう！ … 32
　開きゃくとびの準備

開きゃくとびをしよう！ … 34
　開きゃくとびのとび方

閉きゃくとびをしよう！ … 36
　閉きゃくとびのとび方

台上前転をしよう！ … 37
　台上前転の回り方

コラム 高さの勝負 … 38

4章 マット

ころころ回ってマットになれよう！ … 40
　前転・後転の準備

前転をしよう！ … 42
　前転の回り方

後転をしよう！ … 43
　後転の回り方

倒立をしよう！ … 44
　倒立の仕方

5

5章 水泳（すいえい）

- 水になれよう！ ... 46
  - 水泳の準備
- クロールをしよう！ ... 48
  - クロールの泳ぎ方
- 平泳ぎをしよう！ ... 50
  - 平泳ぎの泳ぎ方
- コラム 速さの勝負 ... 52

6章 なわとび

- なわとびの達人になろう！ ... 54
  - なわとびの準備
- 前とびをしよう！ ... 55
  - 前とびのとび方
- 二重とびをしよう！ ... 56
  - 二重とびのとび方

7章 球技（きゅうぎ）

- ドッジボールを楽しもう！ ... 58
  - ボールの投げ方
  - ボールの受け方
  - ボールのよけ方
- サッカーを楽しもう！ ... 60
  - ドリブルの仕方
  - トラップの仕方
  - パスの仕方
  - シュートの仕方

さくいん ... 62

序章 キミの体を正しくあつかおう!

体のあつかい方

運動が上手になるためには、体のどの部分が、どのように動いているのかを意識すること。体の動きを意識すると、けがを防ぐことにも役立ちます。意識して体を動かしましょう。

スポーツを楽しもう！

　小さいときの筋肉の量や質、身長、体重などは、遺伝の影響を受ける可能性が高いといわれています。ですから幼稚園のときのかけっこやぼうのぼり、マット運動などでは、できる人とできない人に分かれてしまいます。遺伝だけでなく、男女差や、早生まれなどによる影響もあります。

　しかし、小さいときにできなかったことや今できないことが、ずっとできないままで終わるというものではありません。人の体力は、年齢によって発達のしかたがちがいます。

　また、人によっても、その成長の度合いは変わってきます。さか上がりが1回でできる人もいれば、10回かかる人もいます。できるまでの時間がちがうこともあります。

　「できないことができるようになる」のが、スポーツの楽しさです。

> 小さいことから「できた」を増やして、楽しみながらスポーツをしよう！

小学生は基本的な運動を楽しもう！

　小学生の間は脳や神経がよく発達するので、細かな動作や技能が身につきます。神経系は一度その経路ができあがると、なかなか消えません。たとえば、いったん自転車に乗れるようになると、何年間乗らなくても、いつでも乗ることができます。泳ぎも同じです。

　ですから小学生のうちに、走る・とぶ・投げる・泳ぐ・器械体操などの基本的な運動をできるだけやっておきましょう。さまざまな外遊びや球技も体験して、瞬発力や敏しょう性、バランス能力を身につけることが大事です。

　とくに小学生の9〜11歳の時期を、スポーツ界では「**ゴールデンエイジ**」とよんでいます。スポーツにおいて、基本となる動作の習得にとてもよい年齢だからです。

　一方、小学生のうちの筋力トレーニングは、成長をさまたげ、筋肉や骨などがけがをするスポーツ障害を起こす原因にもなります。筋力トレーニングは、中学生や高校生になってから、指導者の指示を受けて行いましょう。

中学生は持久力がつく運動を楽しもう！

　中学生になると、心臓や肺、胃、腸などの内臓や血管がどんどん発達していきます。そのため、この時期には、循環器系をはたらかせる**持久力**がつく運動が向いています。小学生のうちは遠泳や長距離走は向いていませんが、中学生になると持久力のトレーニングをはじめるのが効果的だといわれています。

　持久力をアップさせるためには、あなたの今の心臓や肺の能力では少しきついと感じる運動を続ける必要があります。無理のないていどで、運動の強度を上げていきましょう。

運動するときに気をつけること

1 急に運動をはじめない

運動をする前にかならず**ウォーミングアップ**をしましょう。体が温まっていない状態で運動をはじめると、けがをするおそれがあります。

2 こまめに休けいをとる

小学生のときは長時間の緊張が続きません。注意力がなくなると、けがをすることも多くなります。また、内臓が十分に発達していないので、肺や心臓に負担がかかります。疲れ切ってしまう前に、休けいをとりましょう。

3 こまめに水やスポーツドリンクを飲む

熱中症は、気温よりも湿度が原因ではないかといわれています。夏の暑い時期だけでなく、5・6月や9・10月も注意が必要です。
　熱中症対策として、いちばん簡単にできる方法は水分補給です。外で遊んでいるときや、スポーツの練習中など、ふだんからこまめに水分をとる習慣をつけておくことが大切です。

運動する前に心と体の準備をしよう！

　体が温まっていないうちに、いきなり全力で走ったり、とんだりすると、けがをしてしまうことがあります。運動の前には、かならず柔軟体操などのウォーミングアップを10〜15分くらい行いましょう。柔軟体操をしておくと、体の動きがなめらかになり、関節などに負担がかかりにくくなるので、けがを防げます。なんとなくやるのではなく、これから行う練習や競技の準備だという意識をもって取り組みましょう。

ウォーミングアップの仕方

背のび運動
- 肩を真上に引き上げるように背のびをする。 
- 左右にたおして、もう一度大きく背のびをする。

手首・足首を回す
- 手首を回す。
- 足首を回す。

アキレス腱をのばす
- 足を前後に開く。
- 片方のひざを曲げる。
- おしりをゆっくり下げる。
- かかとは地面につける。
- アキレス腱

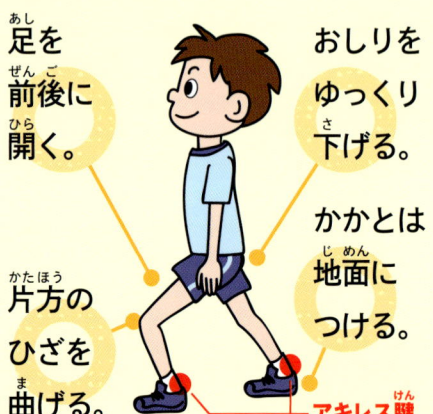

足を曲げる
- 腰を落とすときは、太ももとふくらはぎがつくくらいまで曲げる。

足の筋肉をのばす
- 足を左右に広げる。
- 太ももの筋肉をしっかりのばす。

運動した後は体をもとの状態にもどそう！

　強い運動を急にやめると、筋肉に送られていた血液が心臓へもどりにくくなり、めまいやはき気をもよおすことがあります。また、激しい運動をした後には、筋肉に乳酸といわれる疲労物質がたまります。**クーリングダウン**によって筋肉がのびちぢみを続けると、血液が体をじゅんかんし続け、筋肉にたまっていた疲労物質をとりのぞいてくれます。クーリングダウンで、使った筋肉をゆっくりのばし、もとの状態にもどしてあげましょう。

クーリングダウンの仕方

深呼吸
- 背筋をのばす。
- 大きな深呼吸をする。

胸・腰のストレッチ
- 両手を頭の後ろで組み、胸をはって腰を左右にひねる。
- 足を大きく開く。
- アキレス腱ものばそう。

太ももの表側のストレッチ
- 片方の足を後ろに曲げて、足首を上にひっぱる。
- 片足で立つ。

太ももの裏側のストレッチ
- 足を前後に広げる。
- 前の足はひざをのばして、ゆっくり後ろの足のひざを曲げる。

体力テストのコツをつかもう！

　体力テストは運動能力を測るために行われます。自分の体力が全国平均と比べてどのくらいか、以前と比べてどの程度のびたかなどがわかります。
　体力テストが苦手だと思っている人や、平均よりも大きく下回るものがある人は、次のような練習をしてみましょう。

握力テスト

腕を体につけないようにする。

指のつけ根からにぎる。

記録を上げるトレーニング！

ふだんからものをにぎる、指を大きく開く、軟式テニスボールをにぎるなどをしてみる。

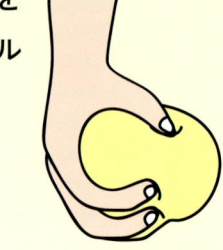

指先だけに力を入れても、強い力は出ないよ。

上体起こしテスト

あごを上げない。

おなかから動かす。

記録を上げるトレーニング！

ひざを立てて、あお向けにねる。おなかをへこませるようにしながら、おへそを見るように上体を起こす。

あごが上がると、おなかに力が入らないよ。

起き上がれなくても、背中がうけばいいよ。

ソフトボール投げテスト

腰の回転と腕のふりを使って投げる。

同じ側の腕と足を出さないようにしよう。

記録を上げるトレーニング！

① 足を前後に開く。両手は胸の前においてかまえる。
② 後ろ足に体重をのせるときに、ひじを上げる。
③ 腰をひねり出してから、腕をふりはじめる。
④ 前足に体重移動し、腕をふりきる。

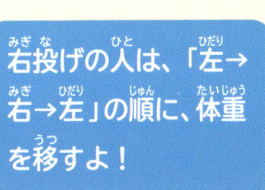

右投げの人は、「左→右→左」の順に、体重を移すよ！

＊右手を投げるほうの手にしています。左手で投げる人はすべて逆になります。

立ちはばとびテスト

腕のふりあげと足をのばす動きをつなげる。

記録を上げるトレーニング！

腕のふりと、とぶ動きをつなげる練習をする。
① 腕を後ろに引きながら、おしりをつけずにしゃがむ。
② 半円をえがくように、腕を前にふりながら立つ。
③ 半円をえがくように、腕を後ろに出しながらしゃがむ。
④ ②③を繰り返し、腕のふりが強くなったら、腕を前にのばしながらとぶ。

★序章★キミの体を正しくあつかおう！

コラム スポーツの名前のなぞ

スポーツの名前はその競技のはじまりの土地の名前や、昔のすがたからつけられたものが多くあります。陸上競技の名前のゆらいをしょうかいしましょう。

Q なぜ「マラソン」っていうの？

A 「マラソン」という言葉は、ペルシャ軍とアテネ軍が戦った今から約2500年前のマラトン戦争からきています。ペルシャの大軍と戦って勝ったアテネ軍は、その勝利をアテネに知らせるため、足の速い兵士を伝令に選びました。兵士はアテネまでの約40kmの道を全速力で走り続け、アテネの城にたどり着くと、「勝った！」とさけんで息を引き取りました。

「アテネが……勝った！」

Q なぜ「砲丸投げ」っていうの？

A スコットランド地方では、1860年代に石投げ競技が行われていました。重いものを遠くに投げる力比べとして、石投げにはさまざまな種類の石が使われていましたが、やがて重さの決まった大砲の弾丸が使われるようになりました。

「ちょうどいい……。」

Q なぜ「アンカー」っていうの？

A 英語で「アンカー」は船のいかりをさします。船にとって大変たよりになることから、綱引きの最後で重しの役割をする選手のことをアンカーとよぶようになりました。リレーの最終走者をアンカーというようになったのは、最後の選手であること、勝負の行方を決める重要な役割であるという同じ理由からです。

1章

速く走るコツをつかもう！

かけっこ

体のあつかい方

かけっこのコツは、足を大きく、すばやく動かすこと。足の動きを助けるのが腕の動き。足と腕を正しく動かしましょう。

かけっこは体の中心を使おう！

　速く走ろうと、足だけに力を入れていませんか？　足の力だけにたよっていても、速くは走れません。走るときは、体の中心の部分をぐいぐいと前へおしだすようにします。**おなかの中心に力をこめると**、上手に速く走れます。

速く走るための準備

体の中心を意識しよう

　速く走るためには、体の中心を意識することがとても大切です。人の体の中心になるところは、おへそのあたりです。速く走る準備として、この部分を意識して、正しいしせいで立ってみましょう。

> ここが体の中心！

> おへそをおさえる。**体の中心を意識**して立つ。

腕を前後にしっかりふろう

　走るときは、腕を前後にまっすぐふります。横にふったり、左右の腕の動きがばらばらになったりすると、体がゆれてしまって速く走れません。腕を前後に力強くふると、体は自然に前へ進んでいきます。

　「1、2、1、2……」と、声に出して、腕をしっかりふりましょう。走り方にリズムができて、体が前へ前へと進みます。

> 「1、2、1、2……」と声に出して、**腕をふりながら**歩く。

> 腕の動きが足の動きとつながっていることを意識しよう！

太ももの裏側を意識しよう

太ももの裏側を意識しながら走りましょう。足の前のほうに力を入れすぎると、スピードをおさえてしまうことになり、速く走れません。

太ももの裏側を意識して歩く。

太ももの裏側を意識して走る。

背中を意識しよう

速く走るために大切なところは、おへそ、腕、太ももの裏側のほかに背中があります。背中はふだんの生活では意識しないところですが、実は、腕と足の動きをつなぐ、とても大切な部分です。背中を意識して、上手に動かしてみましょう。

その場で腕をふる。
↓
背中が動くことを意識する。

歩きながら腕をふる。
↓
腰と足が動くことを意識する。

★1章★かけっこ　17

かけっこをしよう！

正しい走り方

腕は高い位置でまっすぐにふる。

背筋をのばして、前を向く。

太ももの裏側を意識する。

チャレンジしよう！ スタートとゴールの仕方

位置について
肩の力をぬく。
目はゴールのほうを見る。

ヨーイ
前に出している足に体重をかける。

ドン
ひざを前につきだすように高く上げ、もう一方の足で地面を強くキックする。

スタート

体をまっすぐ前に向け、体の中心をぐいぐいと前へおしだすように走りましょう！

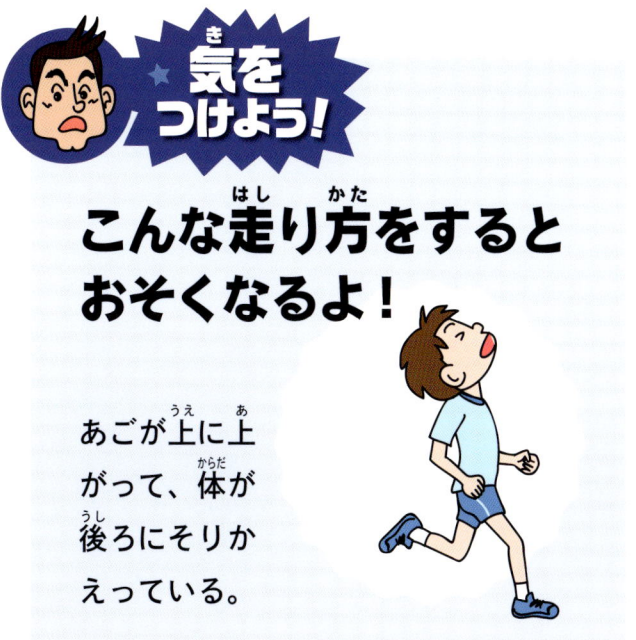

ここがコツ！ 腰をぐいっと前へおしだす

肩に力を入れないで走る。
しっかり地面をふむ。

体の中心に力を入れて走る。

足でなく、おへそのあたりに力を入れるんだね。

上半身からとびこむようにして胸でテープを切る。

ゴールで止まるとスピードが落ちる。

ゴールの先にゴールがあるつもりで走りぬける。

ゴール

気をつけよう！

こんな走り方をするとおそくなるよ！

あごが上に上がって、体が後ろにそりかえっている。

★1章★かけっこ　19

長距離走をしよう！

短距離走とちがい、歩はばをせまくして走ります。最初から最後まで、できるだけ同じペースで走りましょう。

ここがコツ！ 歩はばをせまくして、同じペースで走る

長距離走の走り方

- 最初から最後まで同じペースで走る。
- 腕はあまり大きくふらない。
- 体に力を入れない。
- 頭が上下にゆれないようにする。
- 胸を軽くはるようにする。

チャレンジしよう！

コーナーの走り方

長距離走のコーナーでは、外側を走るほうが距離が長くなります。できるだけ内側を走るようにしましょう。前を走る人をぬくときは、その人の外側からが基本です。

リレーに勝とう！

リレーはバトンをできるだけ速く、落とさないでわたすことがポイントです。チームで何度も練習しておきましょう。

ここがコツ！
バトンは前を向いて走りながら受けとる

バトンのわたし方

「ハイッ！」

バトンをわたす人
バトンは左手でわたす。わたすときは声をかける。

バトンを受けとる人
バトンをわたす人が近づいてきたら走りだす。前を向いて走りながら、バトンは右手で受ける。

気をつけよう！
こんなわたし方をするとおそくなるよ！

バトンをわたす人
バトンを右手に持って、相手の右手にわたす。

バトンを受けとる人
後ろを見ながら走る。

★1章★かけっこ　21

コラム くつのひみつ

陸上競技を大きく分けると「走る・とぶ・投げる」になります。この競技の種類によって、くつの重さや形がちがいます。陸上競技の選手にとって、どんなくつを選ぶかは大変重要なことなのです。

くつの底

選手にとって重要なのは、地面に着くときと、地面をけるときのくつの底です。かかとがほとんど地面にふれない短距離走では、くつの重さをできるだけ軽く、むだを省いたくつ底が使われます。反対に長距離走は、かかとからの着地を考えた少し厚めで通気性のよいくつ底が使われています。

スパイクシューズ

スパイクピンとよばれる、するどい突起がくつ底についたくつをスパイクシューズといいます。陸上競技では、マラソン以外の走る競技やとぶ競技で使われています。このくつをはくと、地面をけったときにスパイクピンが軽くささるので、力強くけったりとんだりすることができます。

取りつける位置は決まっていませんが、スパイクピンの数は11本以内とされています。スパイクピンの長さは、短距離用ととぶ競技用が、長距離用のものよりも長くなります。

スパイクピンの長さ

短距離走
土グラウンド用…12mm
全天候型グラウンド用……8mm

長距離走
土グラウンド用…6〜7mm
全天候型グラウンド用……5mm

おかしのワッフルから生まれたくつ底

スポーツ用品の会社ナイキの創業者の一人、ビル・バウワーマンは、ある日朝食用のワッフルを見て、その形をくつの底に使えないかとひらめきました。かれが考えだしたくつの底には、これまでとはまったくちがう正方形の突起物が並んでいます。このくつはワッフルソールとよばれ、すべりやすい道でも速く走れると大変評判になりました。

2章

鉄ぼうがうまくなる
コツをつかもう！

鉄ぼう

体のあつかい方

鉄ぼうのコツは、ぶら下がったり、体を回転させたり、とびおりたり、いろいろなわざにチャレンジすること。そうすれば、体を正しく動かすことができるようになります。

鉄ぼうは腕と足の力を使おう！

さか上がりをするときに、体が鉄ぼうからはなれていませんか。腕をのばしていると、体が鉄ぼうからはなれてしまいます。腕を曲げたまま、**おへそを鉄ぼうに近づけるように足をふりあげる**と、さか上がりができます。

さか上がりの準備

鉄ぼうを正しくにぎろう

鉄ぼうに体を引きつけるには、腕の力がとても大切です。正しいにぎり方をすると、強く鉄ぼうをにぎれて、体が鉄ぼうからはなれません。

正しいにぎり方 ○
手のひらを下に向けてにぎる。親指は下に回して、ほかの4本の指と鉄ぼうを包むようににぎる。

まちがったにぎり方 ×
親指がほかの指と同じ側になっている。

鉄ぼうにぶら下がろう

さか上がりが上手にできるようになるには、鉄ぼうになれることが大切です。腕をのばしてぶら下がったり、腕を曲げてぶら下がったりしながら、両手で自分の体を支える練習をしましょう。

10秒がんばろう。

腕をのばして鉄ぼうにぶら下がる。足が地面に着かないようにする。

腕を曲げて鉄ぼうにぶら下がる。あごは鉄ぼうにのせる。

基本のしせい（つばめ）を意識しよう

鉄ぼうの上に体をのせて、体を安定させる形をおぼえましょう。これが鉄ぼうの基本しせいです。電線に止まっているつばめをイメージして、かっこうよく決めましょう。

まっすぐ斜めのきれいなしせいで「つばめ」！

- 鉄ぼうを上からにぎる。
- 両ひじをのばして、おなかを鉄ぼうにつける。**背中、おしり、太ももに力を入れる。**
- 少し腰を落として、鉄ぼうにとびのる。

さかさまになろう

鉄ぼうを使って、さかさまになってみましょう。さかさまの感覚になれると、さか上がりがこわくなくなります。

- つばめのポーズになる。
- おへそを鉄ぼうにつけたまま、前に回る。
- 頭が下になったら、ひざを曲げておなかに近づける。

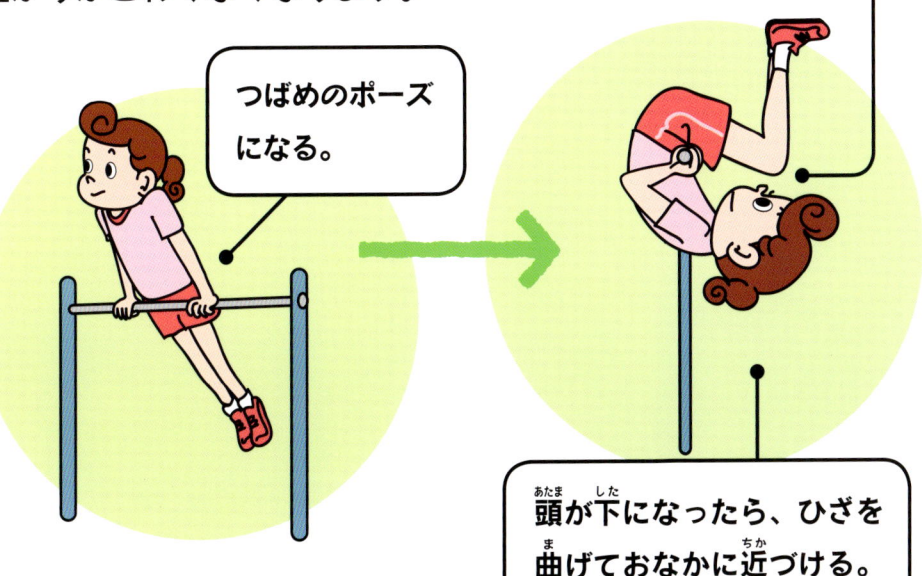

鉄ぼうの高さはおなかと胸の間くらいのものを選ぼう。

＊真横から見たイラストでは、わかりやすくするため鉄ぼうの手前の支柱を省略しています。

★2章★鉄ぼう　25

前回りをしよう！

前回りの回り方

鉄ぼうを上からにぎる。

鉄ぼうにとびのる。つばめのポーズ。

頭を下げて、体を軽く丸める。

ひじを曲げたまま回る。

気をつけよう！ うまく回れないよ！

鉄ぼうをにぎる手がちがう。親指を鉄ぼうの下に回して、ほかの4本の指で鉄ぼうを上から包むようにして持つ。

ドスンとおりる。おりるときにひじをのばすと、鉄ぼうから落ちてしまう。最後まで、腕をのばさない。

前回りは鉄ぼうの基本。さか上がりをする前に、体が回る感覚をつかんでおきます。頭を下げて、その勢いでゆっくりきれいに回りましょう！

ここがコツ！ 腕とおなかに力を入れて回る

腕に力を入れて体を丸める。

おなかに力を入れてゆっくり足をおろす。

手は上からにぎるんだね。

＊真横から見たイラストでは、わかりやすくするため鉄ぼうの手前の支柱を省略しています。

チャレンジしよう！ 足ぬき回りの回り方

両手で鉄ぼうをにぎる。片足を鉄ぼうにかける。

鉄ぼうにもう片方の足もかけて、後ろに回る。

後ろに両足で着地。

両足で地面をけって、逆に回る。おしりと足を両腕の間でぬいて、両足でおりる。

さか上がりをしよう！

さか上がりの回り方

両手を肩はばよりも少し広めのところでにぎる。右足（ふみこみ足）は鉄ぼうの真下に置く。

「1、2、3」のタイミングで右足を一度高く上げて、一歩前に強くふむ。

ふり上げ足を高く上げる。

気をつけよう！ うまく回れないよ！

腕がのびている。腕に力を入れて、おなかが鉄ぼうからはなれないようにしよう。

体がそっている。あごを引いて、回っている間はしっかり鉄ぼうを見るようにしよう。

両足がそろっている。右足（ふみこみ足）でしっかりけるようにしよう。

鉄ぼうにおなかをぐっとひきよせて回りましょう。

ここがコツ！ おなかをひきよせて回る

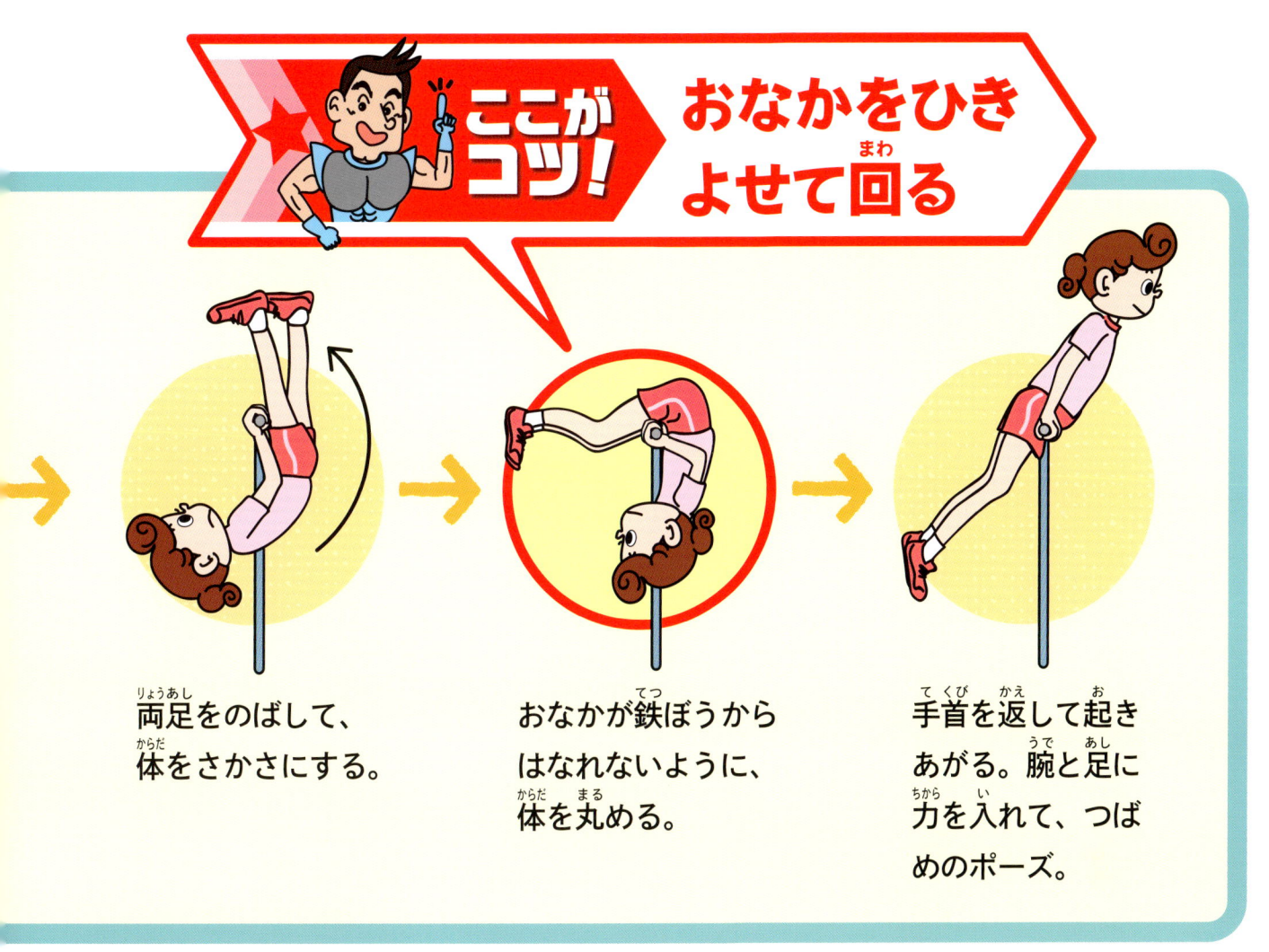

両足をのばして、体をさかさにする。

おなかが鉄ぼうからはなれないように、体を丸める。

手首を返して起きあがる。腕と足に力を入れて、つばめのポーズ。

*真横から見たイラストでは、わかりやすくするため鉄ぼうの手前の支柱を省略しています。

やってみよう！ ふり上げ足とふみこみ足を決めよう！

ふり上げ足とふみこみ足は、やりやすいほうの足でかまいません。どちらの足を使ったらよいかがわからない人は、次の練習をして決めましょう。

① あおむけにねて、両方のひざを曲げる。両手は体の横につける。

② 左足でゆかをけりながら、右足を頭の上にふり上げる。

③ ②を反対の足でもやってみる。

ゆかをけりやすいほうが「ふみこみ足」、頭の上にふり上げやすいほうが「ふり上げ足」になるよ。

★2章★鉄ぼう　29

コラム スポーツに関係する仕事

　スポーツにかかわる仕事には、プロの選手や体育の先生以外にもさまざまなものがあります。スポーツが好きな人、得意な人が楽しめる職業をしょうかいしましょう。

スポーツ審判員

　サッカーや野球、バレーボール、柔道など、スポーツの試合ではそれぞれ審判員がいます。ルールにのっとった公平な審判は、すべてのスポーツのかなめです。たとえば、サッカーではシュートがゴールに入ったかを判断する以外にも、選手がルールを守っているか、つねにさまざまな反則をチェックしています。審判員はサッカーの試合中、選手と共に広いグラウンドを90分間走り回るので、体力も必要です。最近では女性の審判員も増えてきています。

スポーツトレーナー

　スポーツ選手の体や心の調整をする仕事です。学校、会社などのクラブやプロのクラブチーム、プロのスポーツ選手などにいたるまで、さまざまな人たちを指導します。仕事の内容は「体力強化」「けがの予防や回復」「精神的な指導」の3つに大きく分けることができます。選手たちが最高の結果を残せるように、心と体を支える大事な仕事です。

スポーツ雑誌（新聞）記者

　さまざまなスポーツの試合や選手に密着して、取材をし、原稿を書きます。スポーツの結果や選手の気持ちなどを言葉で伝えるので、表現力が必要ですが、スポーツの魅力を雑誌や新聞を通して読者に伝える楽しさがあります。雑誌などでは、誌面の企画や構成から、選手のインタビュー、試合のレポートなど、読者が興味をもつような話題を取り上げます。

3章

とび箱がとびこせる
コツをつかもう！

とび箱

体のあつかい方

とび箱は、とんだり、回転したりしながら箱をこえる運動。とぶことと、体を回転させるための正しい体の動かし方を練習しましょう。

とび箱になれよう！

とび箱はいろいろな動きをつなげていく運動です。とくに大切なのが、**腕の力を支えにして体を前へ運ぶ動き**です。とび箱はとびこえられればとても楽しいもの。次のような準備をして、開きゃくとびのための体の動きを身につけましょう。

開きゃくとびの準備

両足でジャンプしよう

自分の背よりもずっと高いとび箱を軽がるととんでいる人がいますが、ひみつはふみきり板です。ふみきり板には、ばねがよくきいてはずむところと、そうでないところがあります。ふみきり板の前の真ん中あたりのいちばんはずむ場所で、両足をそろえてジャンプできるように練習をしましょう。

- 四角形をかいて、ふみきり板の目印にしよう。
- 「1、2、ジャンプ！」と声に出して、**四角形の前の真ん中**でふみきる。

ふみきるときに足の裏全体をつけてしまうと、とぶ勢いがなくなるよ。つま先で「トン」と強くふみきろう。

おしりを上げてとぼう

とび箱はおしりを高く上げてジャンプすると、とびこえることができます。いすを使って、おしりを上げる練習をしましょう。

- ひざを曲げずに、**おしりを高く上げる**。
- いすに手をついて、地面をけってジャンプする。

いすがたおれないように大人の人におさえてもらおう。

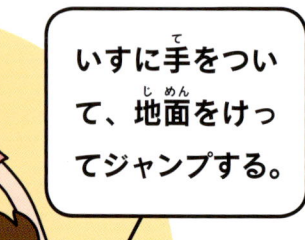

手で歩いて体重移動をしよう

　手だけを使って、アザラシのように体を前へ進めます。片手ずつ順番に出して前に進めるようになったら、両手を同時に出して一気に前進してみましょう。

① うつぶせになって、腕の力で上半身を持ち上げ、腕立てふせのしせいになります。おなかはつけません。

② 「1、2、1、2……」と声に出しながら、右、左、右、左と、片手を順番に出して前進する。

> 足は使わないで、腕の力だけで移動するよ。肩を前に出すと、体が自然に前へ進むね。

馬にのる・とびおりるで感覚をつかもう

　とび箱のかわりに、大人の人に馬になってもらいましょう。背中についた両手を支点に体重の移動をして、背中からおりる練習です。とび箱をとぶためのひとつながりの動作「ふみきり・手をつく・つきはなし・着地」のイメージがつかめます。

- 両手をそろえて、背中の上にそっとのる。
- おしりに近いところに手をついて、腕の力だけでとびおりる。

馬とびをしよう

　大人の人の馬を、とび箱のようにとびこえましょう。手を力強くついて、肩を前に出す練習です。うまく体重移動ができるようになれば、とび箱でも簡単にとびこえられるようになります。

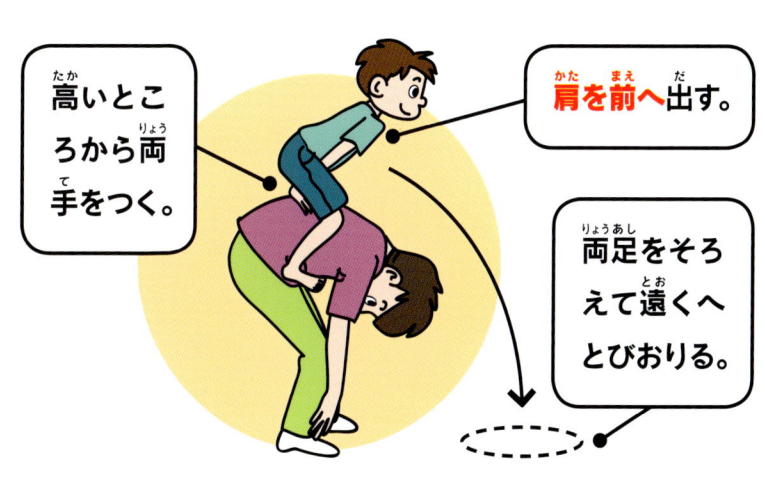

- 高いところから両手をつく。
- **肩を前へ出す。**
- 両足をそろえて遠くへとびおりる。

★3章★とび箱　33

開きゃくとびをしよう!

開きゃくとびのとび方

ふみきりがあう
ように走る。

両足をそろえて
力強くふみきる。

両手は前の
ほうにつく。

気をつけよう！ まちがったフォームだととべないよ！

ふみきり板で
止まってしまう。

とび箱の手前に
手をつく。

開きゃくとびでは、手をついて体をぐっと前へ運びます。「助走・ふみきり・手をつく・つきはなし・着地」の動きをつなげて、おもいきってとびこえましょう！

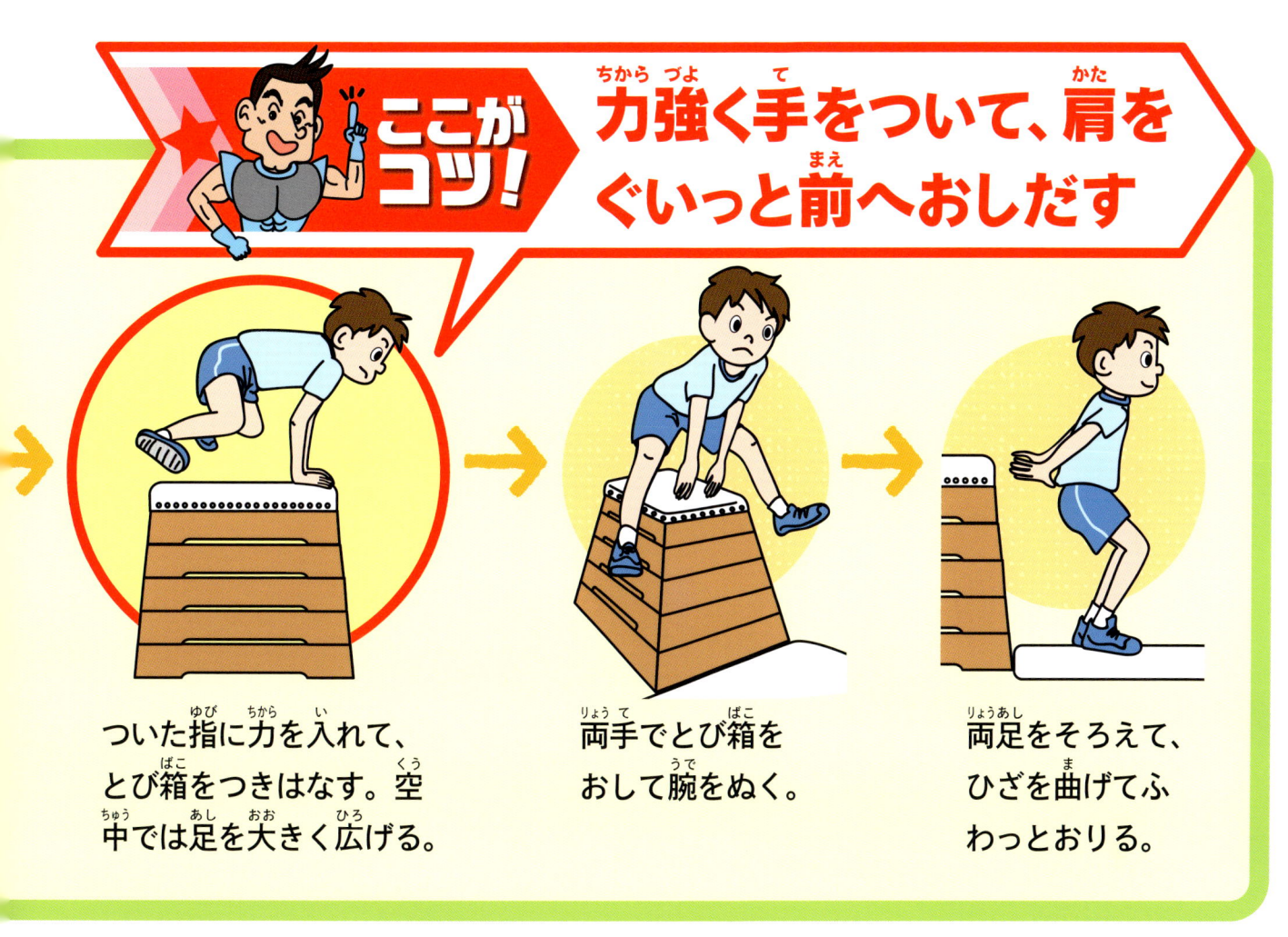

ここがコツ！　力強く手をついて、肩をぐいっと前へおしだす

ついた指に力を入れて、とび箱をつきはなす。空中では足を大きく広げる。

両手でとび箱をおして腕をぬく。

両足をそろえて、ひざを曲げてふわっとおりる。

とび箱の近くでふみきると、勢いがなくなる。

★3章★とび箱　35

閉きゃくとびをしよう！

閉きゃくとびは、かかえこみとびともいいます。手を後ろへつきはなして、体をぐっと前へ運びましょう。

ここがコツ！ 手をつきはなす

閉きゃくとびのとび方

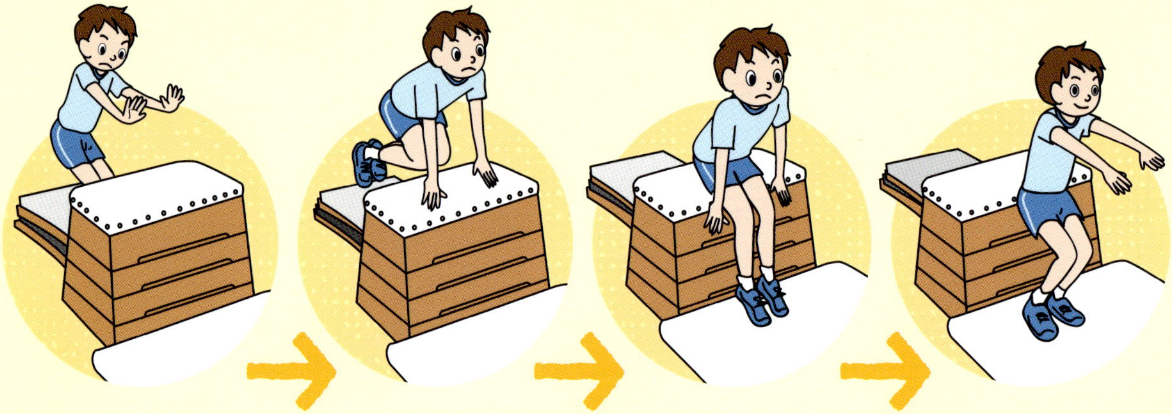

| 手をつく場所を見ながらふみきる。 | 両足をとじて、胸にひきつける。 | 手でとび箱をおしだす。 | 両足をそろえて着地。 |

気をつけよう！ 助走は力をぬいて！

とび箱の助走は、短距離走のように速く走る必要はありません。力をぬいて走りましょう。

台上前転をしよう！

台上前転は、マットの上で前転するよりも腰を高く上げて回ります。とび箱から落ちてしまわないように、まっすぐ回ることが大切です。

ここがコツ！ 頭の後ろをつけて回る

台上前転の回り方

- ふみきったら、とび箱の両端に手をつく。
- 頭の後ろをとび箱につけるように回る。
- 背中を丸めながら、手をはなす。
- 両足をそろえて着地。

気をつけよう！ うまく回れないよ！

頭のてっぺんをつけると回れない。頭の後ろをとび箱につけるようにして回る。

★3章★とび箱　37

コラム 高さの勝負

　とび箱の男子のギネス世界記録は24段、2m95cmです。これは大型バスと同じくらいの高さがあります。世界でこの記録を達成したのは、日本人の大山大和さん（元体操選手）です。いろいろなスポーツのトップクラスの選手たちは、どれくらいの高さのなかでスポーツをしているのでしょうか。

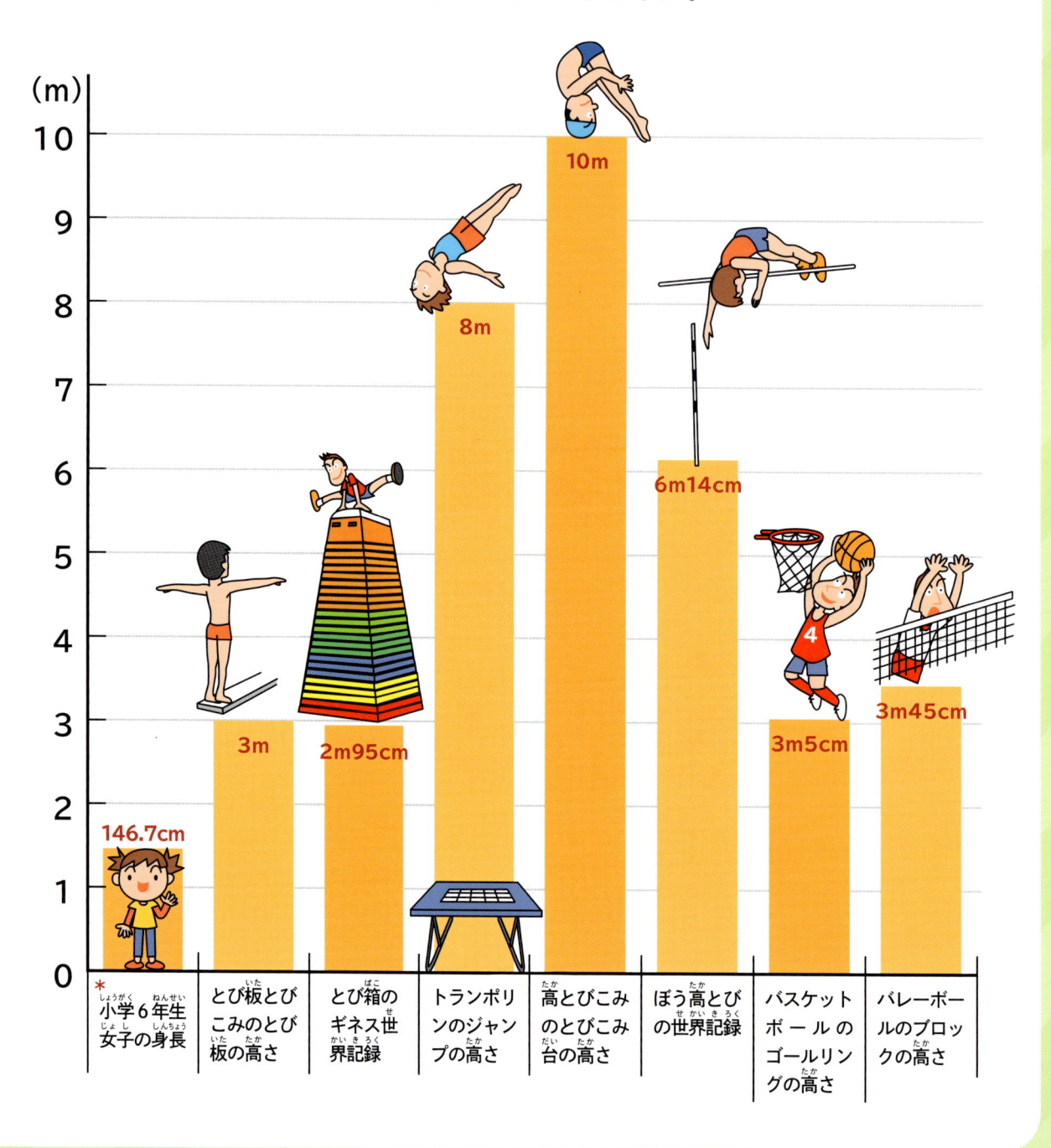

*小学6年生女子の身長	146.7cm
とび板とびこみのとび板の高さ	3m
とび箱のギネス世界記録	2m95cm
トランポリンのジャンプの高さ	8m
高とびこみのとびこみ台の高さ	10m
ぼう高とびの世界記録	6m14cm
バスケットボールのゴールリングの高さ	3m5cm
バレーボールのブロックの高さ	3m45cm

＊…全国平均

38

4章

マットのコツをつかもう！

マット

体のあつかい方

体を回転させる、体を支えることは、基本の運動。この運動ができるようになると、いろいろな動きを楽しむことができます。練習して、体を正しく動かせるようにしましょう。

ころころ回ってマットになれよう！

マット運動の基本、前転と後転をする前に、マット運動になれましょう。家にあるふとんやマットレスを使って、ころころ、ごろごろと転がります。楽しみながら回転の感覚をつかむことが、マット運動では大切です。

前転・後転の準備

ボールのように小さく丸くなろう

マット運動の前転、後転のように体を丸めて回るときは、大きい回転よりも小さい回転のほうが速くなめらかに回れます。自分の体をできるだけ小さく丸くして、ボールのように回ることが大切です。まず、あごを引く練習をしましょう。

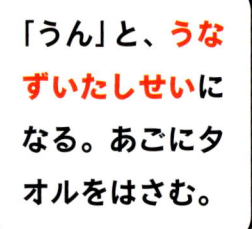

「うん」と、**うなずいたしせい**になる。あごにタオルをはさむ。

おへそを見る。

おへそを見ると、自然とあごを引いた形になるね。

頭のてっぺんをつけないように転がろう

あごを引かないで頭のてっぺんから回ろうとすると、頭がつかえて体が横にたおれます。あごを引いて、ころんと転がりましょう。

背中からドシンと落ちないように、体を丸めよう。

足を大きく開いて、またの間から後ろを見る。

頭のてっぺんをつけないように、**背中からマットにつくように転がる**。

背中を丸めよう

くるりと回れるように、背中を丸める練習をします。前転・後転の準備運動です。おへそを見るように、首を曲げましょう。

丸まった！

両足をのばして座る。

ひざをのばす。

両足を持ち上げて、後ろにたおれる。

おへそを見るように、首を深く曲げる。

ゆりかごになろう

体を丸くして、ゆりかごのように前、後ろに体をゆらします。ゆれを大きくして、上手にゆれるためには、おなかに力を入れます。おなかの力をきたえて、ころころと回れるようになりましょう。

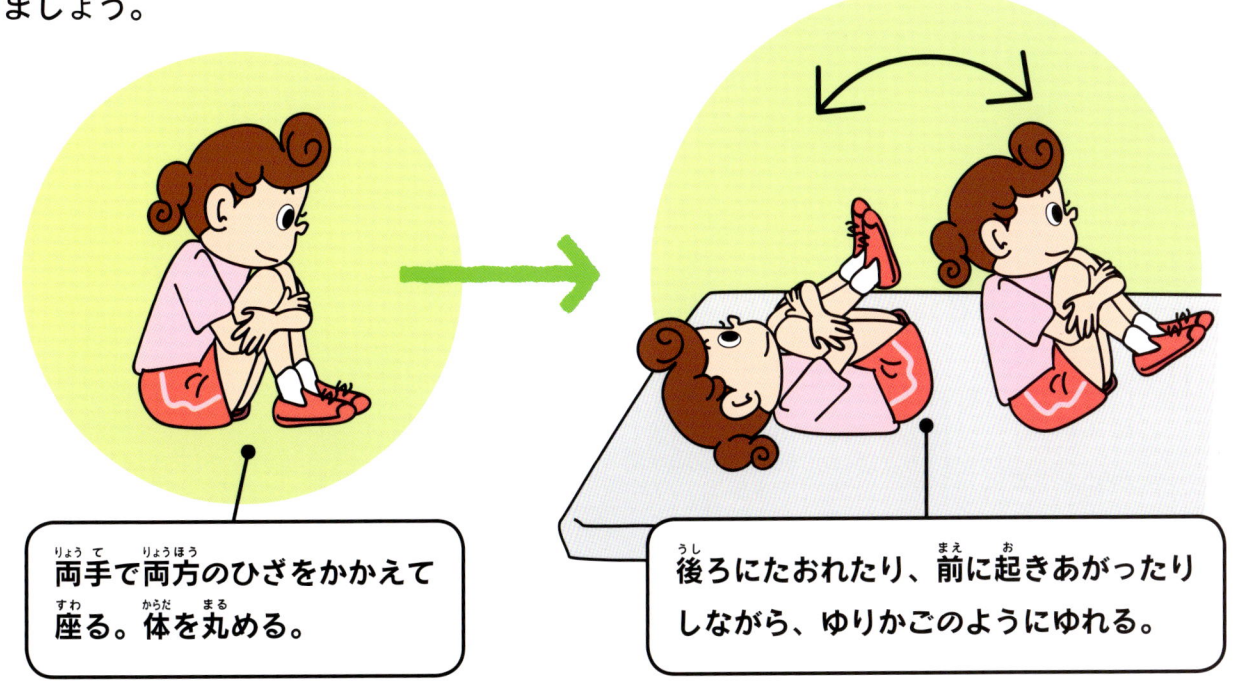

両手で両方のひざをかかえて座る。体を丸める。

後ろにたおれたり、前に起きあがったりしながら、ゆりかごのようにゆれる。

★4章★マット

前転をしよう！

前転と後転はまったく逆の動きです。ボールになったつもりで、体を小さく丸めてころころ回りましょう。

ここがコツ！ 体を小さく丸めて回る

前転の回り方

両手を肩はばに開いて、手のひらをマットにつける。

→ 両手の間に頭を入れるように、体を丸めて回る。

→ ひざが開かないように回る。

→ ひざとおなかに力を入れて立ち上がる。

気をつけよう！ うまく回れないよ！

とちゅうで止まる。

起きあがれない。

頭がつかえて回れない。

後転をしよう！

後転は手がポイント。回る前に、手のひらを上に向けてかまえましょう。耳の横にそろえておくと回りやすくなります。

ここがコツ！ 両手でしっかりマットをおす

後転の回り方

その場でしゃがむ。両手は耳の横。
→ 体を勢いよく後ろにたおす。
→ 両手でマットをおす。
→ ひざでなく、つま先をつける。手のひらでマットをおして立ち上がる。

気をつけよう！ 手のひらの向きが正しいかな？

× 手のひらが前を向いている。

○ 手のひらを上に向ける。

倒立をしよう！

人に支えてもらう補助倒立は、体重を支える腕の力と足のふり上げが大切です。大人の人に支えてもらいながら、ちょうどよい力の入れ方を身につけましょう。

ここがコツ！ 空をけるつもりで足を上げる

倒立の仕方

大人の人（または友達）と向き合う。足を前後に開き、両手をつく。

→

前の足でゆかをけって、後ろの足をふり上げる。すぐに前の足も上げる。

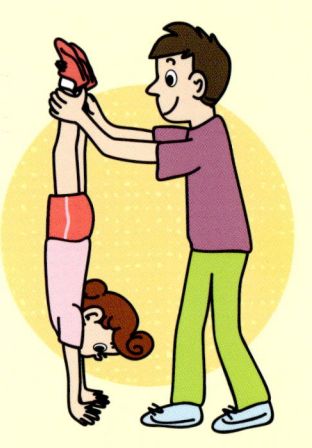

→

両腕をしっかりのばして体を支える。つま先に力を入れて、体をまっすぐにする。

気をつけよう！ うまく立てないよ！

足が高く上がっていない。自分の両手を見ながら、肩を前に出そう。かかとで空をけるくらい勢いをつけよう。

5章 水泳のコツをつかもう！

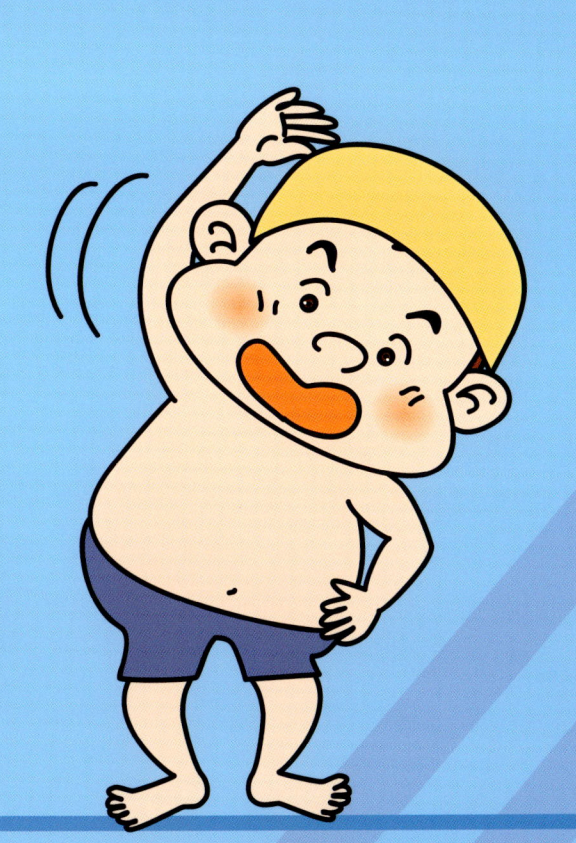

水泳

体のあつかい方

水泳が上手になるには、水の中で腕と足を正しく動かすこと。そのためには、水になれること、うくこと、息つぎができることが大切です。

水になれよう！

水になれるとこわさがなくなり、水の中がとても気持ちよく、楽しくなります。おふろやシャワーで水遊びをしたり、プールで息つぎやバタ足をしたりなど、まずは水になれましょう。

水泳の準備

シャワーで水になれよう

頭の上からシャワーをあびます。なれてくれば、顔に直接シャワーをあびてみましょう。鼻や口から息を出し続けるようにすると、水が鼻に入って痛い思いをしません。

目を開けたままで、頭の後ろからシャワーをあびる。

目をとじて、顔に直接シャワーをあびる。

おふろにもぐろう

最初は、鼻のあたりまでもぐります。次に、目まで、頭の上までと、体全部が湯の中にかくれるまでもぐってみましょう。もぐるときは、大きく息を吸って止めておきます。

水の中では鼻から息をはき、水から顔を出して息を吸うときは口からです。

湯の中に鼻のあたりまでもぐる。

湯の中に、頭が全部かくれるまでもぐる。

> かならずおうちの人がいるときに行おう。お湯の温度は少しぬるめがいいよ。

呼吸の練習

息つぎが上手にできるようになると、楽に長く泳ぐことができます。足が底につくプールで水中にもぐったり、ジャンプをしたりしながら、呼吸の練習をしましょう。

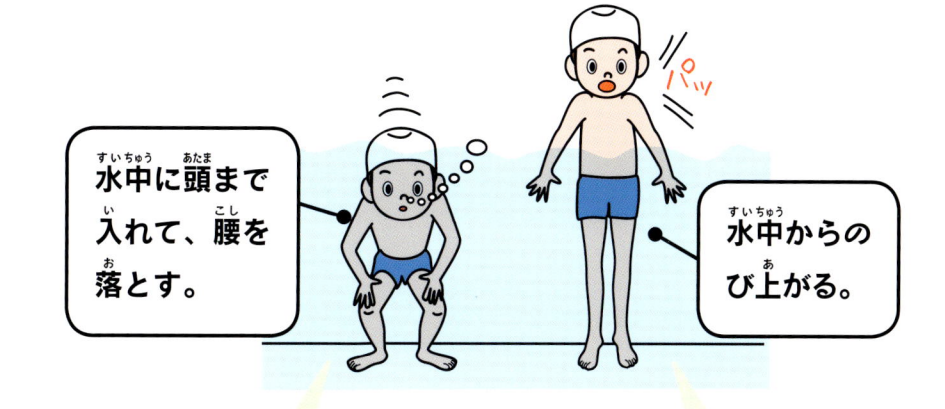

- 水中に頭まで入れて、腰を落とす。
- 水中からのび上がる。
- 水中では鼻から息を「ブクブク」とはこう。
- 水上に顔が出たら、残りの息を「パッ」と強くはきだし、すぐに息を吸うよ。

けのび

水にういて、水の中を進む感覚を覚えるために、「けのび」を練習しましょう。手、頭、腰、足をまっすぐのばす「けのび」は、すべての泳ぎの基本になる形です。ロケットの先のように、頭の上で両手を重ねあわせた形にするとよく進みます。

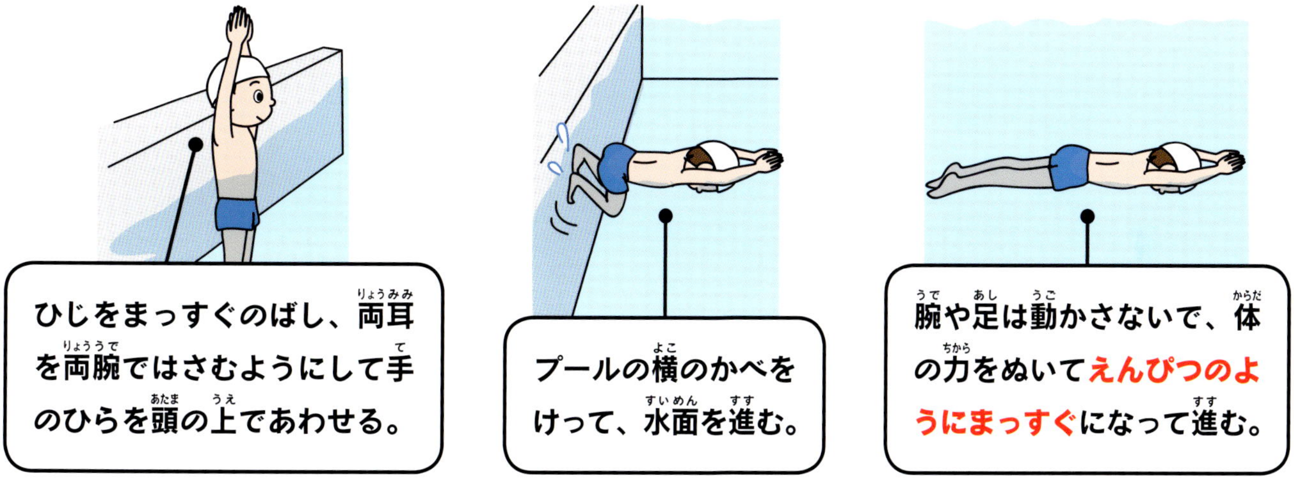

- ひじをまっすぐのばし、両耳を両腕ではさむようにして手のひらを頭の上であわせる。
- プールの横のかべをけって、水面を進む。
- 腕や足は動かさないで、体の力をぬいて**えんぴつのようにまっすぐ**になって進む。

バタ足

クロールのキック「バタ足」の練習です。両腕をのばしてプールのはしのへりに手をのせ、体と水面が平行になるようにします。顔を水につけると、体がしずみません。

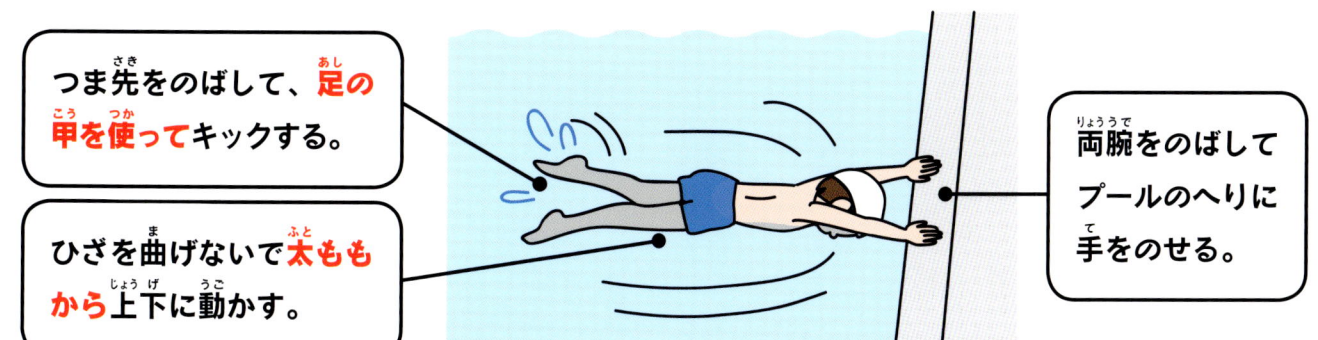

- つま先をのばして、**足の甲を使って**キックする。
- ひざを曲げないで**太ももから**上下に動かす。
- 両腕をのばしてプールのへりに手をのせる。

★5章★水泳　47

クロールをしよう！

クロールは顔を横に上げて、息つぎをします。手でしっかり水をかきながら、リズムよく呼吸ができるようにしましょう。

クロールの泳ぎ方

右手で水をかきはじめる。

水を後ろに向けておしていく。

左手は遠くにのばす。

右手で水をももに向かっておしだしていく。

顔を横に向けていく。

右の親指がももにふれるように水をおしだす。

気をつけよう！ うまく泳げないよ！

入水のときは、手のひらや手首から入れない。

ひざを曲げすぎない。

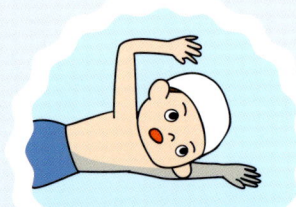

息つぎは顔を全部出さない。

息つぎは左右のどちらでも、やりやすいほうでかまいません。また、水をかくたびに息つぎをする必要はありません。「1、2、3、パッ」のリズムで、3回水をかいて、4回目に息つぎをする形が自然です。

ここがコツ！ 手、足、息つぎの3つのリズムをあわせる

呼吸の後、左手をかきはじめる。

→ 左手で水をかいていく。

→ 左手はももまで水をかいて、ぬき上げる。

右手をぬき上げ、顔を横に向けて呼吸する。

顔を水につけ、右手を指先から水に入れる。

右手は肩の先にのばす。

腕の動きにあわせて、息つぎをするんだね。

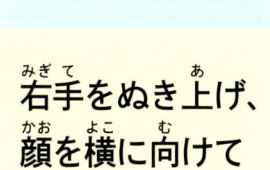

やってみよう！ 息つぎを覚えよう！

顔を前に上げてしまうと、体がしずみます。真横に向ける練習をしましょう。

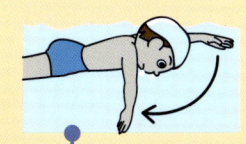

鼻から少しずつ空気を出していく。

顔を横に向けはじめる。残りの息を思いきりはきだす。

顔を横に上げると同時に、「パッ」と息を吸う。

★5章★水泳

平泳ぎをしよう！

平泳ぎで最も大切なのは足の動きです。クロールのようにバタ足でなく、足首を曲げて引きつけた足を、足首を曲げたままけりださなければなりません。

平泳ぎの泳ぎ方

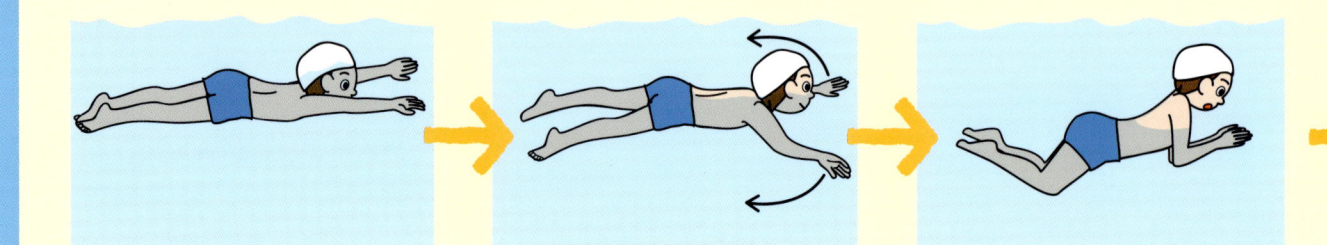

けのびのしせいから、手のひらを外側に向けて水をおす。

水を半円をえがくように後ろにかいて、体を前に進める。

わきをしめて手を体の前であわせ、顔を上げる。足はおしりに近づける。息つぎをする。

やってみよう！ カエル足の動きを覚えよう！

はじめは、両足をしっかりのばす。

またを開いて、ひざを左右に開き、足首をしっかり曲げて、両足のかかとをおしりの近くにひきよせる。

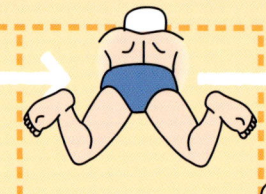

かかとをおしだすようにして、足の裏で水をける。

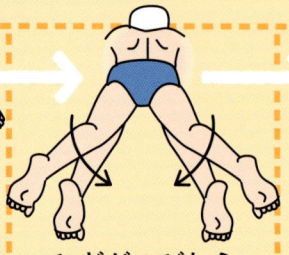

ひざがのびたら、またをとじて水をはさみこむようにする。

最後も、両足をしっかりのばす。

けり方がうまくなれば、しっかり進むことができます。カエルのように上手にキックしましょう。

ここがコツ！ 手と足の動かし方を覚える

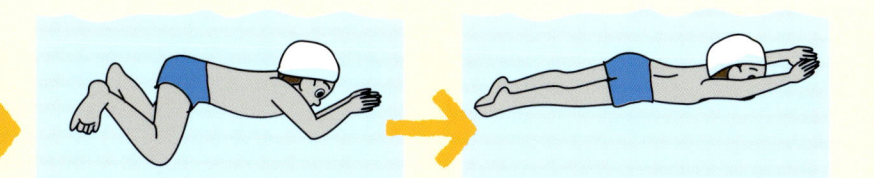

顔を水に入れて、両手を前にのばしていく。足の裏で大きく水をける。

足で水をけり終える。手、足をまっすぐそろえてのばす。けのびのしせいにもどる。

> 体がまっすぐになったときが、いちばん前へ進むよ。

やってみよう！ 手の動きを覚えよう！

手はまっすぐのばす。

手のひらを外側に向けて、両手を開いておろしていく。

わきをしめながら、内側に水をかくようにする。両手は胸の前であわせる。

両手を重ねてまっすぐのばす。

★5章★水泳 51

コラム 速さの勝負

　速さを競うスポーツには、陸上競技の短距離走や長距離走以外にも、水泳、スピードスケート、スキーの滑降競技などがあります。
　えものをねらって走るチーターは、1秒間に30.56m進むといわれています。では、わたしたちはどのくらいの速さで走ったり泳いだりしているのでしょうか。1秒間に進む距離で比べてみましょう。

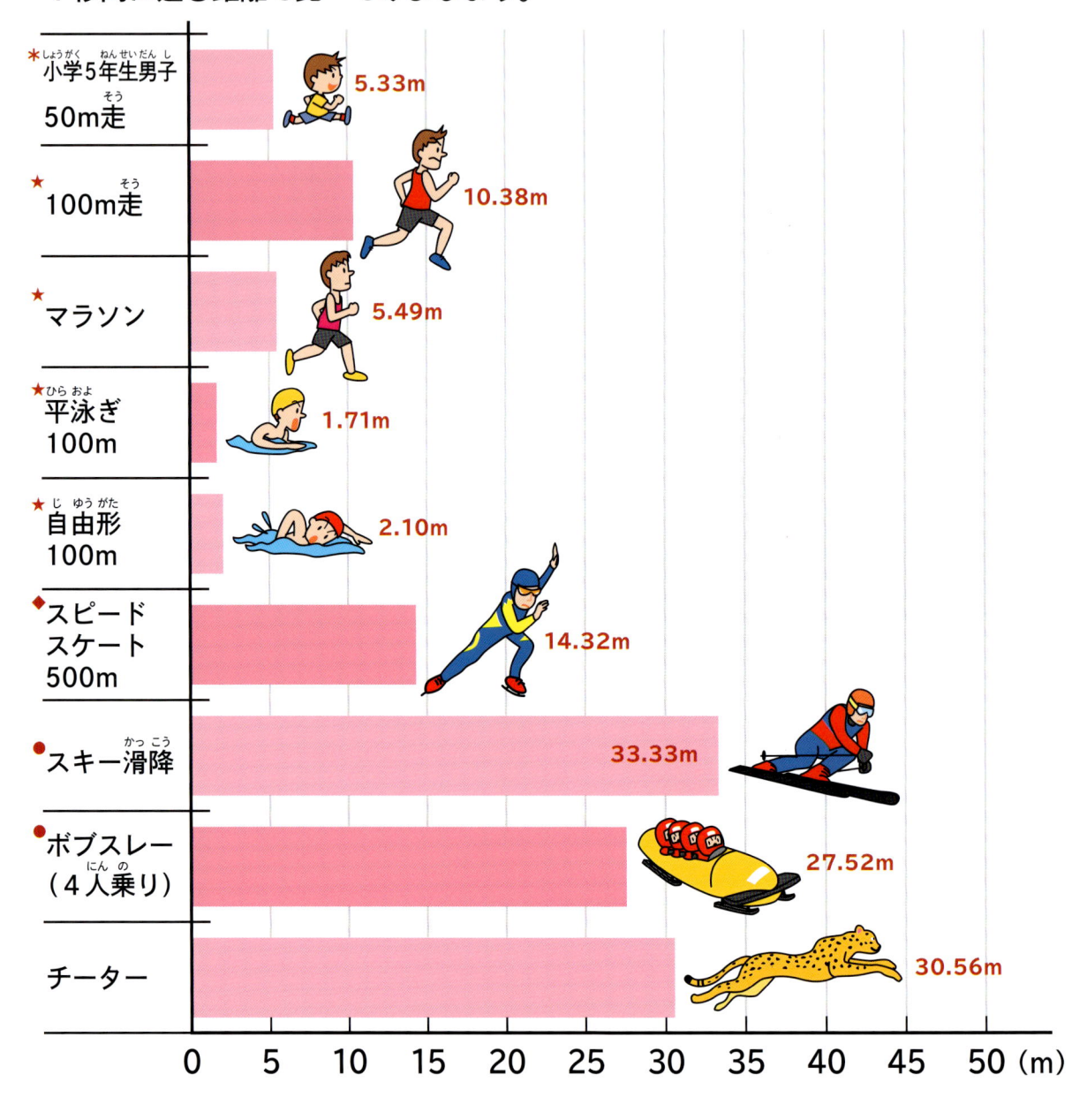

種目	1秒間に進む距離
＊小学5年生男子 50m走	5.33m
★100m走	10.38m
★マラソン	5.49m
＊平泳ぎ 100m	1.71m
＊自由形 100m	2.10m
◆スピードスケート 500m	14.32m
●スキー滑降	33.33m
●ボブスレー（4人乗り）	27.52m
チーター	30.56m

＊…全国平均　★…ロンドンオリンピック記録（2012年）　◆…バンクーバーオリンピック記録（2010年）
●…日本オリンピック委員会ホームページより

6章

なわとびのコツをつかもう！

なわとび

体のあつかい方

なわとびでは、グリップをにぎる、なわを回す、ジャンプすることを正しく行うのがコツ。腕と足を正しく動かしてとびましょう。

なわとびの達人になろう!

なわとびをリズムよく安定してとべるようになると、100回連続とびもだいじょうぶ。安定した連続ジャンプができるようになりましょう。

なわとびの準備

自分の体にあったなわをつくろう

なわの長さは大切です。なわが長すぎても短すぎても、足にひっかかります。かならず自分の背の高さにあった長さに調節しましょう。

グリップ(にぎるところ)が**胸の位置**になるようにする。

なわを**片足**でふむ。

よぶんな**なわ**は切ってもらう。

グリップを正しくにぎろう

なわは手首を使って回します。グリップは真ん中よりもはしのほうを持ったほうが、手首が動きやすくなり、とびやすくなります。

手首が自由に動くように、にぎろう。

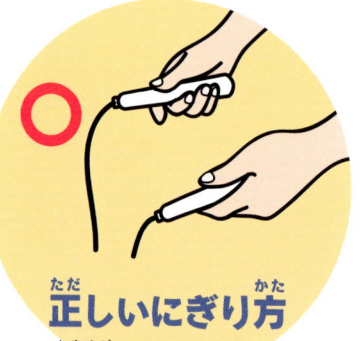

正しいにぎり方
親指はグリップの上に置く。

まちがったにぎり方
真ん中をにぎっている。

前とびをしよう！

前とびは体が左や右にかたむかないように、まっすぐとびます。頭からつま先まで一直線になって、同じ場所でとべるようになりましょう。

ここがコツ！　まっすぐにとぶ

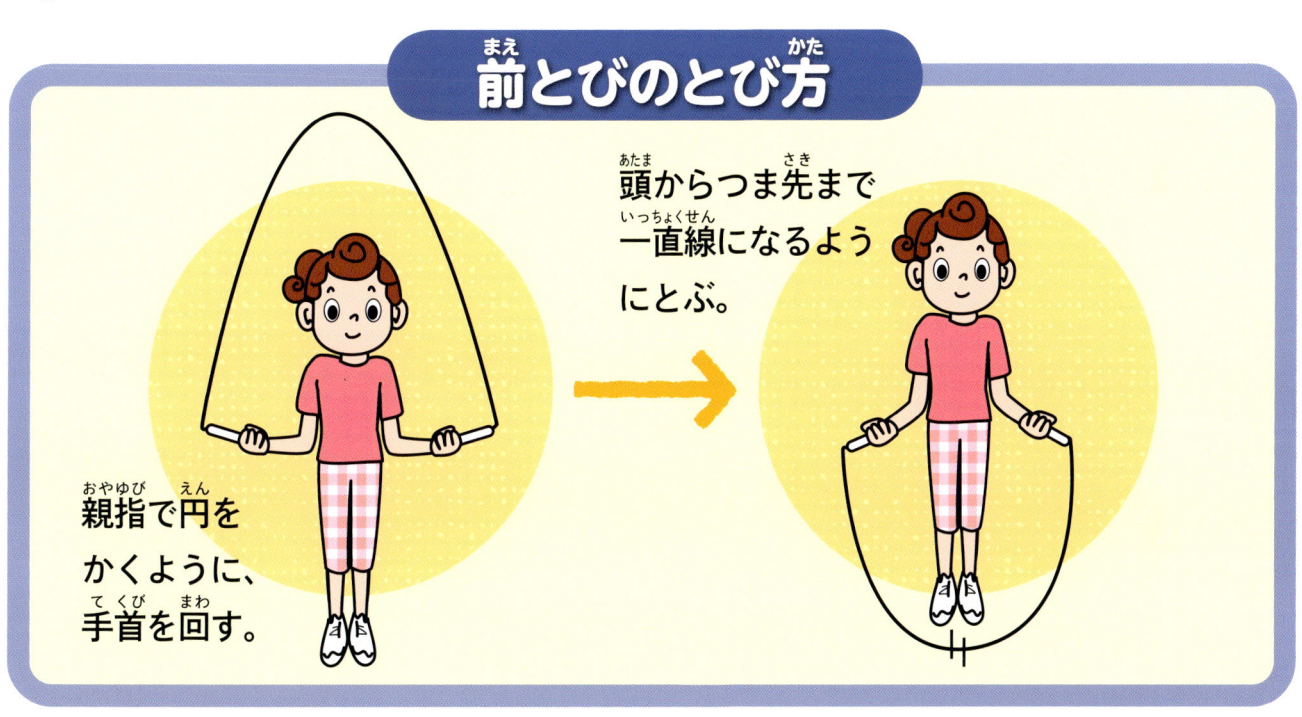

前とびのとび方

親指で円をかくように、手首を回す。

頭からつま先まで一直線になるようにとぶ。

やってみよう！　リズムにあわせてとぼう！

なわを持たないで、連続ジャンプをする。
→ まっすぐ前を見よう。

ジャンプにあわせて、空中で手を1回たたく。

高速とびをする。
→ 低く速くとぼう。

★6章★なわとび　55

二重とびをしよう！

高くジャンプして、その間に2回なわをすばやく回します。連続して二重とびをするには、リズムが大切です。「ビュビュン、ビュビュン」と音が続くように、手と足のタイミングをあわせましょう。

ここがコツ！　手首を速く回す

二重とびのとび方

音をたてないで、つま先でジャンプ。

体にひじをつけて、手首をすばやく回す。

ひざや体を曲げすぎない自然なしせいでとぶ。

気をつけよう！

まちがったフォームだととべないよ！

なわを腕の力で回そうとすると、速く回せない。

やってみよう！

リズムにあわせてとぼう！

まっすぐ前を見よう。

なわを持たないで、高く連続ジャンプをする。

ジャンプにあわせて、空中で手を2回たたく。

7章

球技のコツをつかもう！

球技

体のあつかい方

上手にボールを投げる、受ける、けるためには、体を安定させることが大切。しっかり立って、手や足を正しく動かしましょう。

ドッジボールを楽しもう！

ドッジボールの基本の動きは「投げる」「受ける」「よける」です。3つの動作をマスターして、ドッジボールに強くなりましょう。

ボールの投げ方　★コツ！ しっかりかまえて投げる

左足を前に出す。ボールを右の耳につけるようにかまえる。体は横、顔は正面を向く。

右ひざを軽く曲げて、右足に体重をかける。右ひじは肩より高く上げる。

体重を右足から左足へ移動させながら、右腕を上から下へまっすぐふりおろす。

＊右手を投げるほうの手にしています。左手で投げる人はすべて逆になります。

やってみよう！　ねらって投げよう！

ドッジボールは、相手チームの選手の体にボールを当てるゲームです。ボールを投げるときは、ねらった相手から目をはなしてはいけません。相手の体のひざから下をねらうと効果的です。首から上は反則になります。

当たりやすいところだよ。

ボールからにげてばかりでは、ドッジボールがつまらなくなります。積極的にボールを受けてみましょう。

ボールの受け方　★コツ！ 腕をクッションにする

基本の形
ボールがくる方向に手のひらを向ける。両腕は軽くのばす。

手のひらにボールがふれたら、腕を曲げて胸の前で受け止める。

おなかで受ける
ボールが当たるしゅんかん、おなかを引く。

両手とおなかでしっかりボールを包みこむように受ける。

ドッジボールのドッジは、英語で「かわす」という意味です。ボールの動きにあわせてとんだりしゃがんだり、上手にかわしてゲームを楽しみましょう。

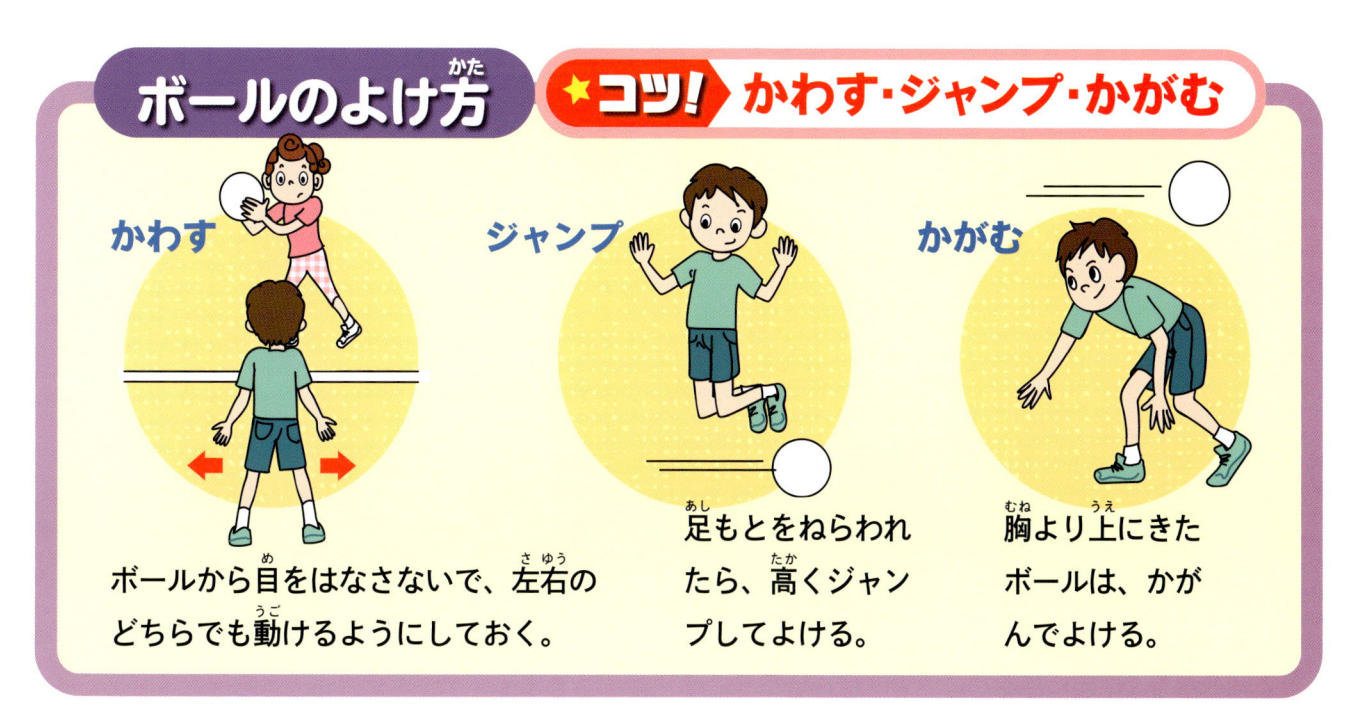

ボールのよけ方　★コツ！ かわす・ジャンプ・かがむ

かわす
ボールから目をはなさないで、左右のどちらでも動けるようにしておく。

ジャンプ
足もとをねらわれたら、高くジャンプしてよける。

かがむ
胸より上にきたボールは、かがんでよける。

サッカーを楽しもう！

　手を使わないサッカーは足がポイント。ボールを自分の思うように動かすには、ボールになれることが大切です。「ドリブル」「トラップ」「パス」「シュート」のコツを覚えて、サッカーを楽しみましょう。

ドリブルの仕方　★コツ！　足をボールにくっつけて走る

- ボールを軽くけりながら走る。
- ボールは足の内側の指先近くや、つま先に当てる。

ボールをあまり見なくてもドリブルができるようになろう！

　とんできたり転がってきたりしたボールの勢いを止めて、次のプレーにつながるようにボールをコントロールすることをトラップといいます。このときポイントになるのは、ボールの勢いを止めることです。

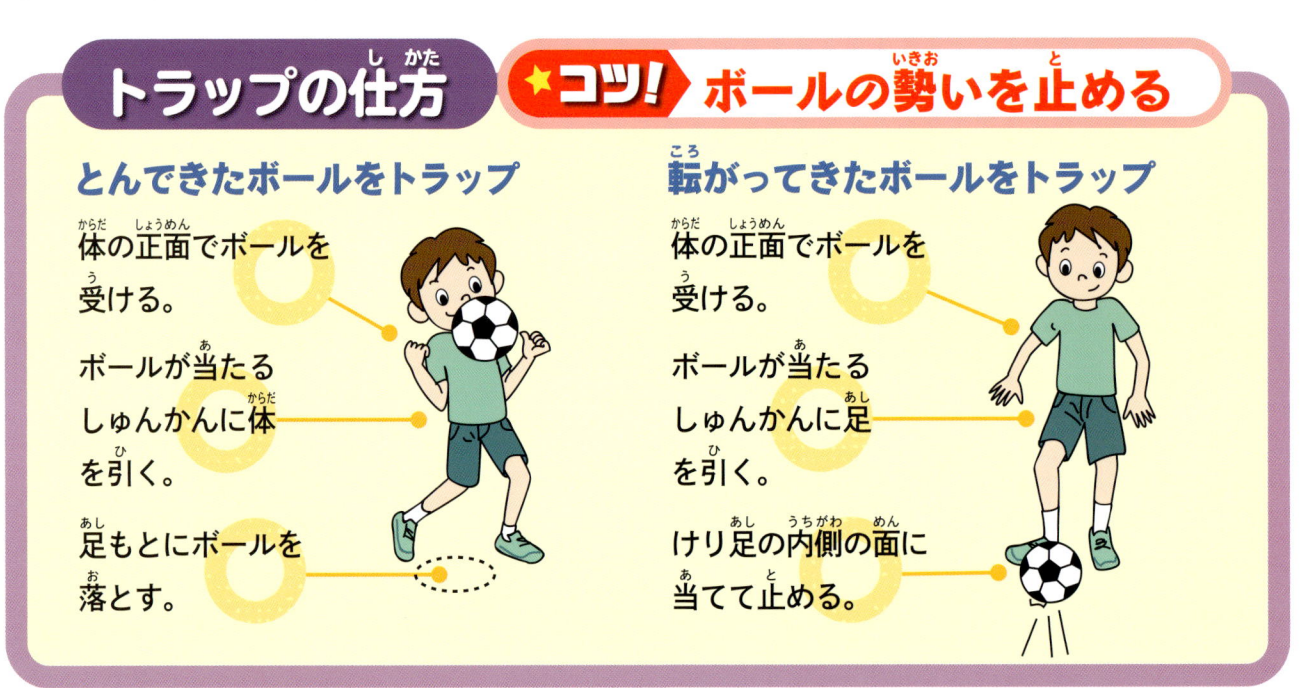

トラップの仕方　★コツ！　ボールの勢いを止める

とんできたボールをトラップ
- 体の正面でボールを受ける。
- ボールが当たるしゅんかんに体を引く。
- 足もとにボールを落とす。

転がってきたボールをトラップ
- 体の正面でボールを受ける。
- ボールが当たるしゅんかんに足を引く。
- けり足の内側の面に当てて止める。

パスの基本の形はインサイドキックです。ボールをけるほうの足のひざを外に向けて開き、足をがにまたにすると、キックがしやすくなります。

パスの仕方　★コツ！　がにまたにする

- ボールをける足のつま先は、ボールをける方向に対して直角にする。
- ボールは足の内側の土ふまずの部分でける。 
- ボールをけらない立ち足のつま先を、ボールをけりたい方向に向ける。

　シュートのようにボールを強くけりたいときは、インステップキックでけります。このキックのポイントは、足の甲でボールをけることです。つま先でボールをけると、つめをいためやすいばかりでなく、ボールもコントロールしにくくなるので気をつけましょう。

シュートの仕方　★コツ！　足の甲でける

- けり足を後ろにふり上げる。
- ボールの真ん中を足の甲でける。 
- 立ち足のつま先は、ける方向に向ける。

チャレンジしよう！　リフティングの仕方

　手以外の体の部分を使って、ボールを地面に落とさないように連続してつくことをリフティングといいます。リフティングをすることで、ボールをコントロールするわざが身につきます。

- ももを使ってリフティング。
- 頭を使ってリフティング。 

★7章★球技

さくいん

あ

- 握力テスト……………… 12
- 足ぬき回りの回り方……… 27
- アンカー………………… 14
- 息つぎ…………………… 49
- ウォーミングアップ……… 9・10
- 馬とび…………………… 33

か

- 開きゃくとびのとび方… 34・35
- カエル足の動き…………… 50
- かけっこ……………… 15〜21
- 球技………………… 57〜61
- クーリングダウン………… 11
- くつの底………………… 22
- クロールの泳ぎ方……… 48・49
- けのび…………………… 47
- 後転の回り方…………… 43
- コーナーの走り方………… 20
- ゴールデンエイジ………… 8
- ゴールの仕方…………… 19

さ

- さか上がりの回り方…… 28・29
- サッカー……………… 60・61
- 持久力…………………… 9
- シュートの仕方…………… 61
- 上体起こしテスト………… 12
- 水泳……………… 45〜51
- スタートの仕方…………… 18
- スパイクシューズ………… 22
- スポーツ雑誌(新聞)記者… 30
- スポーツ審判員…………… 30
- スポーツトレーナー……… 30
- 前転の回り方…………… 42
- ソフトボール投げテスト… 13

た

- 台上前転の回り方………… 37
- 体力テスト…………… 12・13
- 高さの勝負……………… 38
- 正しい走り方………… 18・19
- 立ちはばとびテスト……… 13
- 長距離走の走り方………… 20
- 鉄ぼう………………… 23〜29
- 手の動き………………… 51

62

倒立の仕方……………… 44
ドッジボール…………… 58・59
とび箱………………… 31〜37
トラップの仕方………… 60
ドリブルの仕方………… 60

な

なわとび……………… 53〜56
二重とびのとび方……… 56
熱中症………………………… 9

は

パスの仕方……………… 61
バタ足…………………… 47
バトンのわたし方……… 21
速さの勝負……………… 52
平泳ぎの泳ぎ方………… 50・51
閉きゃくとびのとび方… 36
砲丸投げ………………… 14
ボールの受け方………… 59
ボールの投げ方………… 58
ボールのよけ方………… 59

ま

前とびのとび方………… 55
前回りの回り方………… 26・27
マット………………… 39〜44
マラソン………………… 14

や

ゆりかご………………… 41

ら

リフティングの仕方…… 61
リレー…………………… 21

★さくいん★ 63

監修者紹介 湯浅 景元（ゆあさ かげもと）

中京大学スポーツ科学部教授。中京大学体育学部卒業。東京教育大学大学院体育学研究科（修士課程）修了後、東京医科大学で学ぶ。医学博士、体育学修士。1975年より中京大学体育学部（現在の中京大学スポーツ科学部）の教員となり、コーチング論、スポーツ環境論を担当。イチロー選手、室伏広治選手、浅田真央選手ら一流スポーツ選手の動きを分析することを通して、動きのコツやトレーニング法について研究を続けている。共著に『コーチングの科学』『体力づくりのためのスポーツ科学』（以上、朝倉書店）、『図説新中学校体育実技』（大日本図書）などがある。

構成・編集・執筆 株式会社 どりむ社

一般書籍や教育図書、絵本などの企画・編集・出版、作文通信教育『ブンブンどりむ』を行う。絵本『どのくま？』『ビズの女王さま』、単行本『楽勝！ミラクル作文術』『いますぐ書けちゃう作文力』などを出版。『小学生のことわざ絵事典』『1年生の作文』『3・4年生の読解力』『小学生の「都道府県」学習事典』（以上、PHP研究所）などの単行本も編集・制作。

イラスト かけ ひろみ　柳 深雪

おもな参考資料

●『イラストでよくわかる！ひかる先生のやさしい体育』（PHP研究所）●『体育が得意になる！パパとママのとっておきコーチ術』（メイツ出版）●『コツをつかんで苦手を克服！小学生のための体育基本レッスン』（朝日学生新聞社）●『クレヨンしんちゃんのまんが体育おもしろ上達ブック』（双葉社）●『運動ができるようになる本1 さかあがりができる！』『運動ができるようになる本3 25メートルおよげる！』『運動ができるようになる本4 かけっこがはやくなる！』（ポプラ社）●『イラスト図解 遊びとゲームを楽しもう！ニュースポーツ ドッジボールをはじめよう』『キミはもっと速く走れる！②どうして足が速い人と遅い人がいるのか？』（汐文社）●『きょうから体育が好きになる！サッカー／ドッジボール／バスケットボール／ソフトボール』『きょうから体育が好きになる！さかあがり／一輪車』『きょうから体育が好きになる！とび箱／マット運動』『きょうから体育が好きになる！なわとび／短距離走』（鈴木出版）●『親子で楽しむはじめてのスイミング』（主婦の友社）●『苦手な運動が好きになるスポーツのコツ③水泳』（ゆまに書房）●『スポーツなんでもくらべる図鑑②速さ・きょり』（ベースボール・マガジン社）

運動が得意になる！
体育のコツ絵事典
かけっこから鉄ぼう・球技まで

2013年 5月21日　第1版第1刷発行

監　修	湯　浅　景　元	
発 行 者	小　林　成　彦	
発 行 所	株式会社　PHP研究所	

東 京 本 部　〒102-8331　東京都千代田区一番町21
　　　　　　　児童書出版部　☎03-3239-6255（編集）
　　　　　　　普及一部　　　☎03-3239-6233（販売）
京 都 本 部　〒601-8411　京都市南区西九条北ノ内町11

PHP INTERFACE　　http://www.php.co.jp/

印 刷 所　　凸版印刷株式会社
製 本 所　　株式会社大進堂

©PHP Institute, Inc. 2013 Printed in Japan
落丁・乱丁本の場合は、弊社制作管理部（☎03-3239-6226）へご連絡下さい。
送料弊社負担にてお取り替えいたします。

ISBN978-4-569-78303-1
63P　29cm　NDC780